TRIDUUM SOLENNEL

ET

INAUGURATION DU PÈLERINAGE

EN L'HONNEUR

Du Bienheureux Pierre-Louis-Marie CHANEL

A CUET, sa Paroisse natale,

LES 26, 27 & 28 AVRIL 1890

PETIT GUIDE DU PÈLERIN

CONTENANT :

1° Quelques détails historiques sur le pays du Bienheureux ;
2° Le programme détaillé des fêtes du TRIDUUM ;
3° Le texte des principaux Chants ;
4° Les renseignements pratiques nécessaires aux étrangers.

BOURG
IMPRIMERIE J.-M. VILLEFRANCHE

1890

TRIDUUM SOLENNEL

ET INAUGURATION DU PÈLERINAGE

EN L'HONNEUR DU

Bienheureux Pierre-Louis-Marie CHANEL

TRIDUUM SOLENNEL

ET

INAUGURATION DU PÈLERINAGE

EN L'HONNEUR

Du Bienheureux Pierre-Louis-Marie CHANEL

A CUET, sa Paroisse natale,

LES 26, 27 & 28 AVRIL 1890

PETIT GUIDE DU PÈLERIN

CONTENANT :

1° *Quelques détails historiques sur le pays du Bienheureux ;*
2° *Le programme détaillé des fêtes du* TRIDUUM ;
3° *Le texte des principaux Chants ;*
4° *Les renseignements pratiques nécessaires aux étrangers.*

BOURG
IMPRIMERIE J.-M. VILLEFRANCHE

1890

TRIDUUM SOLENNEL

ET INAUGURATION DU PÈLERINAGE

EN L'HONNEUR DU

Bienheureux Pierre-Louis-Marie CHANEL

CHAPITRE I

Motifs de ces fêtes

ALLONS A CUET !

Le diocèse tout entier, docile à la voix de son Evêque, s'apprête à célébrer dignement la Béatification de son glorieux martyr. Belley et Cuet seront les deux théâtres principaux où se fera cette grande fête, où se chantera cet hymne solennel de louanges et d'actions de grâces. Mais chaque partie du département s'y intéresse et veut s'y associer, envoyer des représentants, des députations nombreuses à ces grandes solennités.

Du reste, comment n'en serait-il pas ainsi ? Est-ce que, par une touchante disposition de la divine Providence, chacune des anciennes petites provinces dont se compose aujourd'hui le diocèse de Belley, ne peut pas se glorifier d'avoir à son tour possédé notre Bienheureux, le regarder comme son enfant et revendiquer ainsi une part de la gloire commune, prétendre un droit spécial à son culte et à sa protection ?

La Haute-Bresse le vit naître, grandir et accomplir les premiers actes de la vie chrétienne ; l'arrondissement de Trévoux le garda trois ans au petit séminaire de Meximieux ; Bourg et l'antique sanctuaire de Brou se félicitent de l'avoir possédé pendant son noviciat ecclésiastique et d'avoir assisté à sa consécration sacerdotale ; le Bas-Bugey reçut les prémices de son sacerdoce ; le pays de Gex fut évangélisé et grandement édifié par le futur Apôtre de l'Océanie ; et Belley, d'où son ministère rayonna sur toute la province par la direction du petit séminaire, l'envoya aux îles lointaines après l'avoir donné à l'Institut naissant de la Société de Marie. Il est vraiment *notre Bienheureux* à tous, et nul ne s'étonnera de nous voir rivaliser de zèle et de dévotion à qui l'honorera davantage.

Toutefois la province de Bresse est ici privilégiée entre toutes ses sœurs. Moins heureuse que le Bugey, elle n'avait pas vu un seul de ses fils honoré d'un culte public par l'Eglise catholique, depuis saint Gérard, le glorieux ermite de Brou, au xe siècle. A son tour, elle peut se glorifier d'avoir enfanté un Bienheureux et donné un nouveau protecteur à la famille diocésaine ; elle a droit de le revendiquer pour sien et de l'honorer d'un culte spécial.

Aussi, a-t-elle accueilli avec empressement et reconnaissance ces paroles de Mgr l'Evêque, dans sa récente lettre pastorale :

« Nous, sur qui rejaillit un si doux reflet de sa gloire; nous qui possédons son berceau..., l'autel où il fit sa première communion et célébra sa première messe, celui où il reçut l'onction sacerdotale, la cellule où il se forma aux vertus apostoliques, ne devons-nous pas témoigner au glorieux martyr que nous sommes fiers des liens qui nous unissent à lui ? »

Elle se lèvera donc avec joie et dans un vif mouvement de foi, de reconnaissance et d'amour; elle ira chanter et invoquer celui qui revient dans sa patrie après une absence de 50 ans, le front couronné de gloire et les mains pleines des plus riches trésors de grâces et de bénédictions.

Nous irons prier au lieu choisi par la divine Providence et marqué par le Vicaire de Jésus-Christ pour être, dans notre pays, le sanctuaire de notre Bienheureux compatriote. *Cuet*, la patrie du Bienheureux Chanel, est inscrit dans le Bref de Béatification, à côté de *Futuna*, le berceau de sa vie glorieuse : Cuet et Futuna, deux noms ignorés jusque-là et désormais illustres dans les fastes de l'Eglise catholique et chers à tous les chrétiens.

C'est dans l'humble village de Cuet, au hameau de la *Potière*, que naquit le Bienheureux Pierre-Louis-Marie Chanel, le 14 juillet 1803. L'église paroissiale était alors à Montrevel, depuis que celle de Cuet, découronnée par la Révolution, s'était vue privée momentanément de ce titre. C'est là que le nouveau-né dut être baptisé, comme l'ont attesté naguère encore ses parrain et marraine.

Mais la Potière était bien éloignée de Montrevel et le mauvais état des chemins ne permettait pas aux enfants de s'y rendre aisément. C'est dans le sanctuaire de la famille que le jeune Chanel reçut exclusivement la première éducation chrétienne ; et quand il fut en état d'aller à l'église et à l'école, on l'envoya de préférence à Saint-Didier-d'Aussiat.

Ainsi vécut-il, jusqu'à 11 ans passés, caché dans cette gracieuse et profonde solitude de la Potière, où tout garde le souvenir de ses premières années : la maison qu'il habita, les chemins qu'il parcourut, les champs et les prairies dans lesquels il conduisait, comme David, les troupeaux de son père.

Cependant la nécessité de suivre le catéchisme et l'école plus régulièrement engagea les parents du jeune Pierre-Louis-Marie à le placer à Cras, d'où était leur famille et dont le vénérable curé, M. Trompier, leur avait proposé de prendre chez lui le petit berger pour le préparer à la première communion et l'initier aux premiers éléments de la langue latine.

Après avoir passé à Cras l'hiver de 1814, le jeune Chanel dut revenir à la Potière, au printemps de 1815, pour reprendre ses fonctions de berger. Ce ne fut qu'au mois de novembre suivant qu'il se fixa chez M. Trompier, pour le suivre à Monsols et revenir avec lui à Cras en 1816. Mais il retournait fréquemment à la Potière visiter ses bons parents et pendant les années du petit séminaire (1819-1824) il y passait le temps des vacances, aidant ses parents dans leurs pénibles travaux des champs, et leur donnant toutes les marques les plus touchantes de la piété filiale.

Lorsqu'il fut devenu élève du Grand-Séminaire, le désir d'être près de l'église le retint habituellement au presbytère de Cras pendant les vacances, et il se bornait à faire de fréquentes visites à la Potière. La même raison fixa son choix pour sa première messe qu'il célébra à Cras le 15 juillet 1827. Mais aussitôt après, il voulut réunir ses parents et amis et le clergé des paroisses voisines, dans l'église de Cuet, pour y offrir le Saint Sacrifice de la messe, tant était grand son amour pour son pays natal.

Cet amour le ramena fréquemment à Cuet pendant les années suivantes ; il y revint d'Ambérieu, de Crozet, de Belley, heureux de revoir ses parents que sa présence comblait de joie, heureux aussi de visiter les divers endroits qui lui rappelaient de précieux souvenirs. « Chemin faisant, écrivait-il en 1829, je reconnus les prairies où, dans mon enfance je menais paître mon troupeau. Je revis l'endroit où Dieu me prit, comme le jeune David, pour m'établir pasteur des âmes... »

Il y parut encore deux fois en 1835, au printemps et pendant les vacances, pour remplir un double devoir de piété filiale, prier sur la tombe de son père et consoler sa pauvre mère. Il y vint surtout en 1836, l'année de son départ, d'abord au mois de juillet pour préparer sa famille et spécialement sa mère à la dernière séparation, et au mois d'octobre pour faire ses derniers adieux.

Il y arriva le samedi soir, 1er octobre, venant de Brou où il s'était arrêté une journée. Après avoir passé la soirée et la nuit à la Potière, il célébra la fête du Saint Rosaire à Cuet, redevenu paroisse depuis quelque temps. Il y chanta la grand'messe, et prêcha deux fois, le matin et le soir sur la dévotion à Marie. Puis, après avoir consacré encore quelques instants à de doux et pieux entretiens avec sa bonne mère, il lui dit adieu sans lui laisser voir que c'était pour la dernière fois.

Mais en quittant sa famille et son cher village, il en emporta le fidèle souvenir jusqu'au fond de l'Océanie, d'où son cœur se tournait fréquemment vers Cuet et la Potière. Ses lettres venaient de temps en temps consoler ceux dont l'amour de Dieu avait seul pu le séparer ; et lorsque le 15 mai 1839, de l'île de Futuna, il fit son testament et écrivit ses dernières volontés, c'est encore à Cuet qu'il veut donner un témoignage spécial d'amour et de fidèle souvenir. Après avoir chargé un ami de remettre cent francs d'étrenne à chacun de ses neveux et nièces il « lègue deux cents francs à la fabrique de la paroisse de Cuet. »

Il lui préparait, à son insu, un legs plus précieux encore, puisqu'elle reçoit aujourd'hui ses restes glorieux. Elle n'en possédera qu'une faible partie, sans doute, mais avec ces ossements bénis sur lesquels porta l'un des coups qui lui donnèrent la mort, ne recevons-nous pas le gage de son amour et de sa constante protection ?...

Quels touchants souvenirs et quels motifs pressants de faire désormais le pèlerinage de Cuet !

Qu'il sera doux de visiter ces lieux où le Bienheureux a vécu et d'y méditer sur les vertus que, tout jeune encore, il y pratiqnait déjà de manière à fixer l'attention, à exciter l'admiration !

Qu'il fera bon prier dans cette église où il célébra la sainte messe, s'agenouiller devant ces autels aux pieds desquels il a lui-même si souvent épanché son âme devant Dieu !

Et cette prière ne sera-t-elle pas plus confiante là qu'ailleurs ? Si le Bienheureux aimait tant son cher pays de Cuet, ne voudra-t-il pas lui donner des preuves de sa tendresse, bénir ses compatriotes et ceux qui viendront se joindre à eux ?... ne voudra-t-il pas marquer son retour dans sa patrie par quelques faveurs signalées ?

Et sans parler de ces grâces extraordinaires que la foi vive, la prière ardente obtint si souvent de Dieu dans des circonstances analogues, ne pouvons-nous pas nous en promettre d'autres qui, pour n'être pas directement extérieures et visibles à tous les regards, n'en seront pas moins réelles et efficaces ?

Cet apôtre généreux qui a franchi les mers et enduré tant de fatigues et de privations pour porter au loin le saint Evangile et faire connaître et aimer Jésus-Christ, ne désire-t-il pas que cette foi soit vivante dans sa patrie ? et s'il a obtenu par sa mort ce que son zèle n'avait pu réaliser ; si la vertu de son sang a été si grande que ces tribus sauvages, plongées jusque là dans l'ignorance et la corruption de l'idolâtrie, se sont trouvées tout à coup transformées en une église chrétienne d'une ferveur exemplaire, ne pouvons-nous pas espérer que de ses saintes reliques sortira comme une source abondante de vie religieuse ? Ne pouvons-nous pas compter que le sanctuaire qui s'élèvera bientôt près du berceau de notre saint, ne sera pas seulement une belle église digne de ses vertus et de notre piété, mais un centre et un foyer d'où la foi et la charité rayonneront sur tout notre pays ?

Allons donc avec confiance au nouveau sanctuaire de Cuet. Allons y prier pour l'Eglise et pour la France ; allons réveiller notre foi et ranimer notre courage ; et avec le Souverain Pontife, « remercions Dieu qui, par un dessein spécial de sa Providence, a permis si opportunément, qu'à l'heure présente, fût proposé aux fidèles et aux ministres du sanctuaire un modèle de si grandes vertus et de tant d'héroïsme... »

CHAPITRE II

Où se feront les cérémonies solennelles du Triduum ?

C'est une question que plusieurs ont dû se poser et qui ne laissait pas d'inquiéter quelque peu la Commission des fêtes, chargée de préparer tout ce qui était nécessaire pour la célébration de ce *Triduum*. Elle y a pourvu le mieux possible, en aménageant et décorant l'Eglise paroissiale et en élevant une chapelle provisoire pour la circonstance. Un mot sur chacune intéressera les pèlerins, surtout quand ils sauront que ces travaux ont été faits aux dépens de Monseigneur l'Evêque qui a voulu prendre à sa charge tous les frais des fêtes du bienheureux.

1° L'ÉGLISE PAROISSIALE DE CUET

Elle n'a rien de monumental, quoiqu'elle soit ancienne, plusieurs restaurations plus ou moins heureuses lui ayant fait perdre son caractère primitif ; mais elle devait être fort belle jadis, à en juger par les trop rares fragments échappés au marteau des démolisseurs. On remarquera surtout un très ancien bas-relief, fort intéressant, déposé contre le mur de l'Eglise au midi, et représentant, au centre le Christ en croix avec la Mère des Douleurs et saint Jean debout à ses côtés ; et aux deux extrémités, deux personnages, les donateurs sans doute, agenouillés et assistés de leurs saints patrons.

La paroisse de Cuet existait déjà au XIIe siècle. Elle dépendait alors de l'abbaye de Saint-Claude ; ce ne fut qu'au XVIIIe siècle que les religieux la cédèrent aux archevêques de Lyon. A cette époque et jusqu'à la grande Révolution, elle comprenait tout le territoire de Montrevel qui en relevait : c'était la paroisse de Cuet-Montrevel. Son dernier curé, au moment de la Révolution, Jacques Arnaud, refusa le serment et resta près de deux ans enfermé dans les prisons de Bourg.

Au rétablissement du culte, la paroisse fut transférée à Montrevel, et l'Eglise de Cuet ne fut plus qu'une chapelle de secours. Notre Bienheureux dut néanmoins y venir prier bien souvent, car elle n'était point fermée, la messe s'y célébrait de temps en temps, et elle n'avait pas cessé d'être chère aux habitants du village. Aussi le Bienheureux voulut-il y célébrer sa seconde messe, et lorsque, après 1830, la paroisse eut été rétablie, il aimait à y offrir le Saint-Sacrifice près du cimetière où reposaient plusieurs membres de sa famille.

Cette église a donc pour nous un autre intérêt que celui qui s'attache à un monument : elle nous rappelle notre Bienheureux et les Pèlerins seront heureux d'y vénérer ses reliques au lieu précis où il vint lui-même s'agenouiller bien des fois.

En y entrant, les pieux visiteurs seront heureux de la trouver non seulement rajeunie par quelques badigeons et peintures exécutés avec goût, mais magnifiquement décorée, pavoisée, ses vieux murs disparaissant presque entièrement sous les tentures et les oriflammes. Le sanctuaire tout entier est tendu de draperies rouge et or avec des emblêmes et des écussons. Au fond, élevée sur une colonne derrière et au-dessus du maître-autel, apparaît la belle statue du Bienheureux, exécutée par M. Cabuchet. A l'entrée de sanctuaire, sur un trône magnifique, entre deux grands candélabres et quatre lustres suspendus à la voûte, on admirera le beau reliquaire, œuvre et offrande de M. Fornet, notre habile bijoutier bressan, lequel a mis à ce travail tout son art et tout son cœur, d'autant plus qu'il est lui-même parent du Bienheureux.

Pendant les trois jours du *Triduum*, on pourra vénérer les reliques dans l'église et y gagner les riches indulgences accordées par le Souverain-Pontife.

2° LA CHAPELLE PROVISOIRE

Elle est élevée au chevet de l'église, au matin, à l'endroit même où sera la nouvelle église dont le plan est déjà fait et dont la première pierre ne tardera guère à être posée.

Cette chapelle se compose de deux parties : un vaste sanctuaire pour les cérémonies liturgiques, et une nef pour les assistants.

Le sanctuaire, adossé au chevet de l'église, a la forme d'un dôme demi-circulaire, haut de près de 10 mètres. Au centre est le grand-autel sous une tente-abri, toute en fer, supportée par 10 colonnes élevées. Autour et de chaque côté sont les places réservées pour le clergé et les chantres; en avant, les sièges des prélats et l'espace nécessaire pour les cérémonies. Toute cette construction, à la fois solide et légère, est décorée de draperies, d'oriflammes et de guirlandes. L'aspect général est aussi gracieux que religieux.

En avant s'étend une assez vaste nef formée d'une grande tente ayant 19 mètres de long sur 12 de large et pouvant offrir au moins 600 places réservées. Dressée sur des colonnes, cette tente laisse la vue libre, en sorte que les personnes qui seront rangées tout autour pourront aisément suivre les cérémonies et entendre les chants.

Enfin, à l'entrée de cette chapelle, sur le bord du chemin de Montrevel à St-Martin, se dresse un grand arc de triomphe qui complète heureusement toute cette construction. Placée sur un terrain élevé et surmontée d'oriflammes aux emblèmes et devises variés, cette chapelle attire les regards depuis le chemin de fer et invite à venir prier au sanctuaire du Bienheureux.

CHAPITRE III

Programme détaillé des Cérémonies et des Chants

ART. I — DISPOSITIONS GÉNÉRALES POUR LES TROIS JOURS

§ I. — *A l'église paroissiale*

1° Pendant les trois jours du *Triduum*, et dès le vendredi, plusieurs prêtres se tiendront à la disposition des pèlerins pour entendre les confessions, faire vénérer les reliques du Bienheureux, bénir et indulgencier les objets de piété.

2° Chaque jour, des messes privées seront dites d'heure en heure à l'autel majeur de l'église, en présence des reliques ; les pèlerins pourront y faire la sainte communion.

3° Chaque jour, à 7 h. 1/2, il y aura une messe solennelle de communion, pendant laquelle on chantera des cantiques.

Le dimanche et le lundi, cette messe sera célébrée par Mgr l'Evêque de Belley.

Le lundi, les chants seront exécutés par une députation de la Maison-Mère de la Congrégation de Saint-Joseph de Bourg.

§ 2. — *Arrivée et réception solennelle des paroisses*

Un grand nombre de paroisses viendront en pèlerinage aux jours qui leur ont été assignés, et qui se trouvent indiqués plus bas.

Elles se réuniront, une demi-heure avant les offices solennels, près des arcs de triomphe élevés aux extrémités de la paroisse de Cuet, sur les deux chemins qui aboutissent à l'église. Elles se formeront en procession avec croix et bannière en tête, suivies des prêtres et des enfants de chœur en surplis. A l'arrivée du clergé de la paroisse, qui ira la recevoir, la procession se mettra en marche, au chant du psaume *Lætatus sum*, et du *Magnificat*, auxquels on pourra ajouter un des cantiques insérés dans le présent opuscule.

En entrant dans l'église, on chantera l'antienne : *Sancti et justi*, avec le verset et l'oraison du Bienheureux. On ajoutera cinq *Pater* et cinq *Ave* à l'intention du Souverain Pontife, pour gagner les indulgences. Pendant ce temps, les pèlerins vénèreront les reliques en défilant deux à deux devant la châsse, pour sortir aussitôt et aller se ranger vers la chapelle extérieure à la place qui sera assignée à chaque paroisse par le maître des cérémonies. Les pèlerins resteront groupés autour de leur bannière, excepté ceux qui demanderont une place dans l'enceinte réservée ; le clergé sera placé dans le sanctuaire.

3. — *Vénération des reliques*

Chaque jour, à l'issue des vêpres, et après le sermon, les Reliques du Bienheureux seront solennellement présentées à la vénération des personnes présentes.

Le clergé, les enfants de chœur, les chantres placés dans les bas-côtés du sanctuaire, se présenteront d'abord deux à deux, au pied de l'autel, faisant la génuflexion avant et après.

Les personnes placées dans la nef se présenteront ensuite à la marche du sanctuaire où les reliques seront portées ; on aura soin d'arriver par le côté de l'épitre et de se retirer par le côté de l'évangile, afin d'éviter le désordre et l'encombrement.

Pendant la vénération solennelle des Reliques, le chœur chantera d'abord l'hymne des martyrs, puis les divers cantiques en l'honneur du Bienheureux, inscrits plus bas ; toute l'assistance pourra prendre part à ces chants. — On terminera par le ps. *Laudate dominum omnes gentes* et le *Gloria Patri.*

§ 4. — *Procession solennelle des Reliques*

Le dimanche et le lundi, si le temps le permet, une procession solennelle sera organisée pour porter en triomphe les saintes Reliques par les mêmes chemins que suivit jadis le Bienheureux.

Au signal donné, les différentes paroisses se rangeront à la suite de leur bannière respective, dans l'ordre indiqué par le maître des cérémonies.

Les chœurs de chanteuses pourront chanter quelques-uns des cantiques indiqués plus bas en l'honneur du Bienheureux, ou de la Sainte-Vierge. — Le clergé et les chantres des différentes paroisses réunies précèderont immédiatement les saintes Reliques, et des hymnes et des cantiques, alternant avec la chorale et la fanfare qui exécuteront les divers morceaux de leurs répertoires.

Après le clergé s'avancera la châsse posée sur un riche brancard et portée par quatre ecclésiastiques en dalmatique. Derrière la châsse s'avancera l'Evêque officiant avec ses assistants, suivis des autres prélats et personnages présents à la fête, ainsi que des membres de la Commission de l'Œuvre.

En arrivant à l'arc de triomphe, on exposera la châsse pendant quelques instants, et les chantres entonneront l'antienne du Bienheureux qui sera suivie du verset et de l'oraison.

Au retour de la procession, on chantera le *Magnificat*, le *Laudate*, etc...

§ 5. — *Les indulgences du Triduum*

En vertu d'un rescrit de Sa Sainteté Léon XIII, en date du 19 janvier et promulgué par Mgr l'Evêque dans sa lettre pastorale du 19 mars dernier, une indulgence plénière, applicable aux âmes du purgatoire, pourra être gagnée pendant ces trois jours du *Triduum* par toutes les personnes qui, s'étant confessées et ayant fait la sainte Communion, visiteront l'église de Cuet et y prieront quelque temps aux intentions du Souverain-Pontife. Ceux qui, sans s'appprocher des Sacrements, rempliront les autres conditions, pourront gagner une indulgence de *100 ans*, également applicable aux âmes du purgatoire.

§ 6. — *Remarques spéciales pour le clergé*

1° Les prêtres qui célèbreront le Saint Sacrifice à Cuet, pendant le *Triduum*, pourront dire la messe du Bienheureux le samedi et le lundi ;

2° Tous les ecclésiastiques qui viendront aux fêtes du *Triduum* sont priés d'apporter leur habit de chœur ;

3° Un appartement, voisin du presbytère, sera mis à leur disposition pour y déposer leurs pardessus, chapeaux, etc., pendant les offices ;

4° Tous les ecclésiastiques présents et revêtus de l'habit de chœur sont priés de se réunir à l'église quelques moments avant l'office du matin ou du soir, pour accompagner les Prélats à la chapelle extérieure.

ART. 2. — CÉRÉMONIES ET CHANTS PROPRES A CHAQUE JOUR DU TRIDUUM

Samedi 26 avril

Matin, à 10 heures, grand'messe, célébrée par M. le Curé de Bourg, en présence de Mgr l'Evêque assistant pontificalement au trône.

Messe en musique *(Marion)*, chantée par la chorale de Marboz. *Credo* de Dumont, chanté par l'assistance.

La Fanfare de la Providence agricole de Seillon jouera au commencement de la messe, à l'Offertoire, à l'Elévation et à la fin de la messe.

A l'Evangile, allocution par M. Perretant, supérieur du Grand-Séminaire.

Paroisses convoquées : Bourg, Marboz, Confrançon, Curtafond, St-Didier, St-Martin, St-Sulpice.

Soir, à 3 heures, vêpres solennelles, en présence de Mgr l'Evêque, assistant au trône. *(Vêpres du commun des Martyrs.)*

Les vêpres seront chantées par la chorale de Marboz, alternant les versets des psaumes avec l'assistance.

Panégyrique du Bienheureux, par M. Sevin, directeur du Grand-Séminaire, suivi de la vénération des Reliques.

Au salut du Saint-Sacrement, *Ave Verum* (Mozart) et *Regina cœli* (Luigi Bordèse) par la chorale.

La fanfare de Seillon jouera soit aux vêpres (au commencement, à la fin et au *Magnificat*) soit pendant la vénération des reliques, après la bénédiction du Saint-Sacrement et à la sortie.

Paroisses convoquées: Béreyziat, Boissey, Dommartin, St-Etienne, Jayat, St-Jean, Malafretaz, Marsonnas.

Dimanche 27 avril.

Matin. — Messes privées du Patronage de Saint-Joseph.

A dix heures. — Grand'messe solennelle, célébrée par le T. R. P. Martin, supérieur général de la Société de Marie, en présence de Mgr l'Evêque, assistant pontificalement au trône.

Messe en musique chantée par les professeurs et les élèves de l'Institution Saint-Pierre de Bourg. — *Gloria* et *Credo* de Dumont.

Allocution par M. Laplace, supérieur de l'Institution St-Pierre.

Paroisses convoquées : Montrevel et Cuet.

Soir. — *A 3 heures.* — Vêpres très solennelles, célébrées pontificalement par Mgr l'Evêque de Belley, assisté du T. R. P. Martin, supérieur général de la Société de Marie.

Les vêpres seront chantées par l'Institution Saint-Pierre.

Panégyrique du Bienheureux par le R. P. Monfat, assistant général de la Société de Marie.

Procession et vénération solennelle des Reliques. *Oratorio Cantate* (P. Garin) par l'Institution Saint-Pierre.

Salut solennel.

Paroisses convoquées : St-Trivier, St-Julien, Lescheroux, Mantenay, Servignat, St-Denis et Polliat.

Lundi 28 avril

Anniversaire du Martyre du Bienheureux et clôture du Triduum.

Les offices seront célébrés pontificalement par Mgr l'Evêque de Saint-Claude, en présence de Mgr l'Evêque de Belley, de plusieurs autres prélats et du T. R. P. Martin, supérieur général de la Société de Marie.

Matin à 10 heures. — *Messe pontificale.*

Messe en musique (*Dietsch*), chantée par les élèves du Grand-Séminaire de Brou. Le *Credo* (de Dumont) par le clergé et l'assistance.

Panégyrique du Bienheureux par le R. P. Moyse, gardien des RR. PP. Capucins de Lyon.

A la fin de la messe, bénédiction papale (avec indulgence plénière). *Alleluia* ! Chant triomphal par les élèves du Grand-Séminaire.

Paroisses convoquées : le matin, Bény, Étrez, Foissiat, Coligny, Pirajoux et Beaupont. Le soir : Cras, Attignat et Viriat.

Soir, vêpres pontificales très solennelles, chantées à deux chœurs par les élèves du Grand-Séminaire et par le clergé. Allocution de Mgr l'Évêque de Belley.

Procession solennelle vers le hameau de la Potière.

Vénération des reliques : *Oratorio-Cantate* (P. Garin) par la chorale du Grand-Séminaire.

Salut solennel, chanté en musique par les élèves du Grand-Séminaire.

Reposition solennelle des reliques à l'Eglise : Chant final par la chorale du Grand-Séminaire.

A la tombée de la nuit on illuminera l'église et la chapelle provisoire, ainsi que les divers arcs de triomphe. Les maisons d'habitations, répandues dans la campagne, seront aussi illuminées.

CHAPITRE IV

CHANTS DIVERS

§ 1. — CHANTS LITURGIQUES

1

Ps. 121. — Lætatus sum in his quæ dicta sunt mihi : * in domum Domini ibimus.

Stantes erant pedes nostri * in atriis tuis Jerusalem.

Jerusalem quæ ædificatur ut civitas : * cujus participatio ejus in idipsum.

Illuc enim ascenderunt tribus, tribus Domini * testimonium Israël ad confitendum nomini Domini.

Quia illic sederunt sedes in judicio, * sedes super domum David.

Rogate quæ ad pacem sunt Jerusalem : * et abundantia diligentibus te.

Fiat pax in virtute tua : * et abundantia in turribus tuis.

Propter fratres meos et proximos meos : * loquebar pacem de te :

Propter domum Domini Dei nostri * quæsivi bona tibi.

2

Magnificat * anima mea Dominum.

Et exultavit spiritus meus * in Deo salutari meo.

Quia respexit humilitatem ancillæ suæ : * ecce enim ex hoc beatam me dicent omnes generationes.

Quia fecit mihi magna qui potens est : * et sanctum nomen ejus.

Et misericordia ejus a progenie in progenies * timentibus eum.

Fecit potentiam in brachio suo : * dispersit superbos mente cordis sui.

Deposuit potentes de sede, * et exaltavit humiles.

Esurientes implevit bonis : * et divites dimisit inanes.

Suscepit Israël puerum suum, * recordatus misericordiæ suæ.

Sicut locutus est ad patres nostros, * Abraham et semini ejus in sæcula.

3

Tantum ergo sacramentum
Veneremur cernui ;
Et antiquum documentum
Novo cedat ritui :
Præstet fides supplementum
Sensuum defectui.

Genitori, genitoque
Laus et jubilatio :
Salus honor, virtus quoque
Sit et benedictio :
Procedenti ab utroque
Compar sit laudatio.

4

Ave, Maris stella,
Dei Mater alma
Atque semper Virgo,
Felix cœli porta.

Sumens illud Ave
Gabrielis ore,
Funda nos in pace,
Mutans Hevœ nomen.

Solve vincla reis,
Profer lumen cœcis
Mala nostra pelle,
Bona cuncta posce.

Monstra te esse matrem,
Sumat per te preces,
Qui pro nobis natus
Tulit esse tuus.

Virgo singularis
Inter omnes mitis,
Nos culpis solutos
Mites fac et castos.

Vitam prœsta puram,
Iter para tutum,
Ut videntes Jesum
Semper collœtemur.

Sit laus Deo Patri,
Summo Christo decus,
Spiritui sancto,
Tribus honor unus. Amen.

Antienne et oraison du Bienheureux

Sancti et justi, in Domino gaudete, alleluia : vos elegit Deus in hæreditatem sibi, alleluia.

℣ Pretiosa in conspectu Domini, alleluia.

℟ Mors sanctorum ejus, alleluia.

ORAISON

Deus, qui Beatum Petrum Aloysium Mariam, martyrem tuum, ad prædicandum Evangelium, mirâ mansuetudine, flagranti charitate, et invictâ constantiâ decorasti : da nobis, quæsumus ; ut ipsius vestigiis inhærentes, fidem quam profitemur, usque ad mortem, teneamus. Per Dominum....

Seigneur, qui avez fait briller dans le Bienheureux Pierre-Louis-Marie, votre martyr, une admirable mansuétude, une ardente charité et une invincible constance pour prêcher l'Evangile ; accordez-nous, nous vous en prions, la grâce de marcher sur ses traces et de conserver jusqu'à la mort la foi que nous professons. Par Jésus-Christ...

SECRÈTE

Hæc hostia, Domine, quam in Beati Petri Aloysii Mariæ triumpho deferimus, corda nostra tui amoris igne jugiter imflammet ; et ad promissa perseverantibus præmia disponat. Per Dominum...

Faites, Seigneur, que le sacrifice que nous vous offrons en l'honneur du triomphe du Bienheureux Pierre-Louis-Marie, enflamme nos cœurs du feu de votre amour et nous dispose à recevoir la récompense promise à ceux qui persévèrent jusqu'à la fin. Par Jésus-Christ...

POSTCOMMUNION

Angelorum pane nutriti et supernâ dulcedine perfusi, te, Domine, suppliciter exoramus, ut Beati Petri Aloysii Mariœ, martyris tui exemplo, discamus terrena cuncta despicere et amare cœlestia. Per Dominum...

Nourris du pain des Anges et inondés de vos célestes douceurs, nous vous prions, Seigneur, de nous apprendre, par l'exemple du Bienheureux Pierre-Louis-Marie votre martyr, à mépriser les choses de la terre et à aimer les choses du ciel. Par Jésus-Christ.

---

§ 2. — CANTIQUES FRANÇAIS

I

Invocations au Saint-Esprit

Ref. Esprit-Saint, descendez en nous, *(bis)*
Embrasez notre cœur de vos feux *(bis)* les plus doux.

1. Sans vous notre vaine prudence
Ne peut, hélas ! que s'égarer,
Ah ! dissipez notre ignorance *(bis)*
Esprit d'intelligence,
Venez nous éclairer.

2. Enseignez-nous la divine sagesse,
Seule elle peut nous conduire au bonheur ;
Dans ses sentiers, qu'heureuse est la jeunesse,
Qu'heureuse est la vieillesse !

Ref. Esprit-Saint, Dieu de lumière,
O vous que nous implorons,
Venez des cieux sur la terre
Comblez-nous de tous vos dons } *(bis)*

1. Accordez-nous cette sagesse
Qui ne cherche que le Seigneur ;
Que notre étude soit sans cesse
De lui soumettre notre cœur.

2. De vos conseils que la lumière,
En brillant toujours à nos yeux,
Guide nos pas et nous éclaire.
Dans le sentier qui mène aux cieux.

II

Cantiques au Bienheureux

LES LOUANGES DU BIENHEUREUX

1. A nos yeux, un bel astre rayonne,
De ses feux, éclairant l'horizon ;
Un martyr a reçu la couronne ;
Je m'engage à chanter son beau nom.

2. Tout enfant, de la Vierge fidèle
Il était le pieux serviteur,
Lui vouait son amour et son zèle ;
Je m'engage à chanter sa candeur.

3. Simple et bon, doux et pur, humble et chaste,
Il était tout entier à Jésus,
Méprisant et le monde et le faste ;
Je m'engage à chanter ses vertus.

4. Dieu lui parle, et l'enfant devient prêtre,
Et dès lors, sans réserve, au Seigneur
Il immole son cœur, tout son être ;
Je m'engage à chanter sa ferveur.

5. Il veut fuir et famille et patrie,
Pour porter le saint nom du Sauveur
Aux sauvages de l'Océanie ;
Je m'engage à chanter son ardeur.

6. Pour combattre, il n'a d'autre puissance,
D'autres armes que sa charité,
Son grand zèle et sa persévérance ;
Je m'engage à chanter sa bonté.

7. Dieu l'appelle à souffrir le martyre ;
Il accepte avec joie et bonheur ;
On le frappe, il pardonne, il expire ;
Je m'engage à chanter sa grandeur.

8. Son sang coule, et devient la semence.
De chrétiens vrais amis de la croix ;
Pour son peuple une autre ère commence ;
Je m'engage à chanter ses exploits.

9. Rome parle, et proclame sa gloire ;
Désormais, je pourrai célébrer
Son beau nom, par des chants de victoire ;
Je m'engage à toujours l'honorer.

10. Triomphant, dans la sainte patrie,
O Chanel, ô martyr bienheureux !
Garde-moi tous les jours de ma vie ;
Je m'engage à t'offrir tous mes vœux.

PRIÈRE AU BIENHEUREUX

Chœur

Chanel, que la gloire environne,
Entends mes soupirs et mes vœux ;
Fais-moi mériter la couronne,
Que Dieu nous promet dans les cieux.

1. Toi que la terre
Loue et vénère,
En ce beau jour,
Mon cœur t'honore,
Ma voix t'implore
Avec amour.

2. Sans cesse prie,
Pour moi, Marie
Et le Sauveur,
Pour qu'à toute heure,
En moi demeure
La paix du cœur.

3. Le mal inonde,
Souille le monde,
Tout est danger ;
Viens, ô bon Père,
Dans ma misère,
Me protéger.

4. Dans la détresse
A ma faiblesse
Ouvre tes bras ;
Sois mon égide,
Soutiens et guide
Toujours mes pas.

5. Donne à mon âme
La vive flamme
De la ferveur,
Feu qui consume,
Nourrit, parfume
L'esprit, le cœur.

6. Par ton martyre
Fais que j'aspire
A bien servir
Jésus, Marie,
Toute ma vie,
Pour bien mourir.

GLOIRE A TON NOM, O VAILLANT MISSIONNAIRE

Refrain

Gloire à ton nom, ô vaillant missionnaire,
Dont le martyre a couronné la foi !
Tu répandis sur la terre étrangère,
Ton sang pour Dieu !
Ton sang pour Dieu !
Oui gloire à toi !

1. Chrétiens, célébrons la victoire
De notre Bienheureux Chanel.
Par sa mort il conquit la gloire,
Dont un martyr jouit au Ciel.

2. C'est dans ton sein, pieuse Bresse,
Que jadis il reçut le jour
Livre ton cœur à l'allégresse,
Pour lui redis un chant d'amour.

3. A peine eut-il formé sa vie
Au ministère des autels,
Que vers la vaste Océanie
Il sentit de Dieu les appels.

4. Qu'un vent heureux enfle la voile
Qui va le porter sur les flots !
Et toi des mers brillante étoile,
Vierge, souris aux matelots !

5. Depuis longtemps dans l'esclavage,
Dans les ténèbres de l'erreur,
Tu vis plongé, peuple sauvage.
N'auras-tu jamais un sauveur ?

6. Infortunés, à l'espérance
Ouvrez vos cœurs avec transport.
Voici, voici la délivrance :
Futuna voit Chanel au port.

7. Pendant trois ans l'Apôtre lutte
Pour établir la vérité ;
Il vole et rien ne le rebute
Rien ne tarit sa charité.

8. Jusqu'aux extrémités de l'île
L'apôtre répand ses sueurs,
Et du flambeau de l'Evangile
Rayonnent aussi les lueurs.

9. Mais Satan rugit de colère,
En voyant tomber ses erreurs,
Et contre l'homme de prière
Déchaîne toutes ses fureurs.

10. Jadis, pour conquérir le monde,
Le Christ dut mourir sur la croix.
Pour vaincre encor l'esprit immonde,
Du sang il faut comme autrefois.

11. Au bourreau livre donc ta tête,
Chanel, ta douloureuse mort
De l'île sera la conquête :
Pour toi quel enviable sort !

12. Ton sang à Dieu rendit la terre
Qu'étreignait Satan sous sa main,
Le ciel, par la voix du tonnerre,
De son règne y marqua la fin.

13. Tu jouis du bonheur suprême
Que tes vertus t'ont mérité ;
Et de l'immortel diadème
Léon XIII t'a couronné !

14. Sur le sol qui fut ta patrie,
Bienheureux, jette enfin les yeux ;
Fais qu'après cette triste vie
Nous puissions tous te voir aux cieux !

EN L'HONNEUR DU BIENHEUREUX P.-L. CHANEL

Ref. Héros du Christ, noble enfant de la Bresse,
Entends nos vœux et nos chants en ce jour;
Bénis, soutiens notre âme en sa détresse,
Rends-lui la foi, l'espérance et l'amour.

1. En ton honneur, au lieu de ta naissance,
Nous élevons un sanctuaire aimé ;
Où le respect et la reconnaissance
Nous guideront vers ton corps vénéré.

2. Il faut à l'homme une douce retraite,
Un lieu de paix, d'où l'âme vers le ciel
Monte plus pure et sans être distraite
S'anéantit aux pieds de l'Eternel.

3. O Bienheureux ! Ici, sous tes auspices,
Nous chercherons la grâce et la vertu,
L'art tout divin des pieux sacrifices,
Le bouclier dont tu fus revêtu.

4. Nous voulons tendre à notre destinée,
Et comme toi, connaître, aimer Jésus.
Dis-nous comment la souffrance agréée
Donne la paix et la couronne en plus.

5. De quel amour ta sainte âme enflammée
Offrait à Dieu vœux et privations !
Ton cœur priait et ta lèvre embrasée
Puisait au ciel ses inspirations.

6. Oh ! puissions-nous t'imiter sur la terre,
Homme au bon cœur, angélique martyr.
Pour mériter le bonheur qu'on espère,
A ton autel où tu vas nous bénir.

A. S.

AU BIENHEUREUX CHANEL

Air : *Jésus paraît en vainqueur.*

Salut ! Bienheureux Chanel,
Dont le front immortel
Brille au séjour éternel.
Salut ! bienheureux Chanel,
En ce jour, à jamais solennel :
Léon t'a doté,
D'immortalité,
De félicité.
Rien n'égale ta beauté,
O félicité,
Immortalité,
Rayons divins de la sainteté.

Salut ! bienheureux Enfant,
Qui, du pays bressan,
A traversé l'Océan.
Salut ! bienheureux Enfant,
Aujourd'hui, tu reviens triomphant !
Martyr de la foi,
Tu vis sans effroi,
Le courroux d'un roi,
Qui du Christ bravait la loi.
Ta mort à la foi
A conquis le roi.
Apôtre vainqueur, honneur à toi.

Salut ! puissant protecteur,
Tu vois le tentateur
De ma foi persécuteur.
Salut ! puissant protecteur,
Dans ma foi, j'ai placé mon honneur :
A ma foi mentir,
Jésus te trahir !
Ah ! plutôt mourir ;
C'est mon plus ardent désir.
Jésus te trahir,
Ah ! plutôt mourir.
Chrétien jusqu'à mon dernier soupir.

Salut ! bon soldat du Christ,
Au ciel Dieu te sourit,
Tout puissant est ton crédit.
Salut ! bon soldat du Christ,
Répands, répands sur nous ton esprit.
Allume en nos cœurs,
Les saintes ardeurs ;
Calme nos douleurs,
De nos yeux sèche les pleurs.
Donne aux laboureurs
De féconds labeurs.
Loin de nous bannis tous les malheurs

Salut ! Apôtre français.
Futuna désormais
Nous est acquis pour jamais.
Salut ! Apotre français ;
La France a conquis par tes hauts faits

Un monde nouveau,
Où notre drapeau
Cher à ton troupeau,
Flottera sur ton tombeau.
Loin de ton hameau,
Près de ton troupeau,
La France gardera ton tombeau.

Salut ! ô Reine des cieux.
Quel enfant plus pieux
T'honora, te servit mieux.
Salut ! ô Reine des cieux !
Quel enfant fut plus cher à tes yeux.
O brillante cour !
Vierge notre amour,
A toi sans retour,
Nos cœurs, nos chants chaque jour.
Vierge, notre amour,
A toi sans retour,
Avec Chanel, au divin séjour.

VIERGE NOTRE MÈRE

(Ave Maria)

1. Vierge notre Mère
L'Ange Gabriel
Vous dit sur la terre
Ce mot immortel :
Ave, Maria (*ter*).

2. La foi militante
Le redit en chœur
L'Eglise souffrante
Le mêle à ses pleurs.

3. Les saintes phalanges
Dans ce mot pieux
Puisent vos louanges,
O Reine des cieux.

4. Rose sans épine,
Au parfum si doux,
La grâce divine
A coulé sur vous.

5. En votre demeure
Se plut le Seigneur,
Dès la première heure
Il eut votre cœur.

6. Sur les filles d'Eve
Bénie en tous lieux,
Votre main s'élève
Accueillant leurs vœux

7. Fleur incomparable,
Bénie soit la nuit
Qui vit dans l'étable
Jésus, votre fruit!

8. Votre nom sublime
De Mère de Dieu
Dans nos cœurs ranime
Le céleste feu.

9. A l'heure présente
Voyez nos douleurs
Soyez indulgente,
Aux pauvres pécheurs.

10. Quand l'heure suprême
Pour nous sonnera
Tout cœur qui vous aime
Encore redira :
Ave, Maria ! *(ter.)*

JE SUIS CHRÉTIEN

Ref. Je suis chrétien, voilà ma gloire,
Mon espérance et mon soutien,
Mon chant d'amour et de victoire,
Je suis chrétien, je suis chrétien.

1. Je suis chrétien, à mon baptême
L'eau sainte a coulé sur mon front,
La grâce en ce moment suprême
De mon âme a lavé l'affront.

2. Je suis chrétien, j'ai Dieu pour père,
A sa loi je veux obéir,
Avec sa grâce salutaire
Pour lui je veux vivre et mourir.

3. Je suis chrétien, je suis le frère
De Jésus-Christ, mon Rédempteur,
L'aimer, le servir et lui plaire
Fera ma gloire et mon bonheur.

4. Je suis chrétien, je suis le temple
Du Saint-Esprit, du Dieu d'amour,
Celui que tout le ciel contemple
Possède mon cœur sans retour.

5. Je suis chrétien, ô sainte Eglise
Je suis devenu votre enfant;
Plein d'amour, d'une foi soumise
Je suivrai votre enseignement.

6. Je suis chrétien, j'ai pour bannière,
La croix de mon Jésus-Sauveur,
Mes ennemis me font la guerre
Et je me ris de leur fureur.

7. Je suis chrétien, sur cette terre
Je passe comme un voyageur;
Ici-bas tout n'est que misère,
Rien ne saurait remplir mon cœur.

8. Je suis chrétien, o ma patrie
Beau ciel, j'irai te voir un jour;
En Dieu je trouverai la vie
La paix, le bonheur et l'amour.

CHAPITRE V

Renseignements divers

1° MOYENS DE SE RENDRE A CUET

La plupart des futurs pèlerins de Cuet savent déjà que l'église de la paroisse est située à 1800 mètres seulement de la gare de Montrevel. De cette gare, on s'y rend par le chemin de grande communication, très bien entretenu, qui tend de Montrevel à Saint-Martin. Un arc de triomphe, dressé à la sortie de la gare, indiquera la direction à prendre.

Les personnes de Bourg et des environs, qui voudront y aller par le chemin de fer, devront prendre, le matin, le train qui part de Bourg à 8 h. 20 et arrive à Montrevel 8 h. 55 ; le soir, le train de 2 h. 15, arrivant à 3 h. 2. Les pèlerins arrivant du côté opposé, prendront les trains qui partent de Saint-Trivier à 8 h. 21 et à 1 h. 26. Les cérémonies du soir seront terminées assez tôt pour que chacun puisse repartir par les derniers trains.

Un train supplémentaire a été demandé; nous espérons l'obtenir au moins pour le lundi. Avis en sera donné en temps utile par la voie des journaux.

Beaucoup de personnes des paroisses limitrophes ou peu éloignées de Cuet, se proposent de s'y rendre en voitures particulières. On fera bien, en ce cas, de laisser les voitures à Montrevel, de peur de ne pouvoir les remiser facilement à Cuet.

2° REPAS, RESTAURANTS

Les personnes qui n'auront pas apporté de provisions, pourront s'en procurer soit à Montrevel, soit dans plusieurs restaurants, établis pour la circonstance, à Cuet même, à proximité de l'église.

La Commission des fêtes ne peut prendre en cela aucune responsabilité.

Les familles et les Sociétés, qui auront apporté des provisions pour leur repas, pourront aisément s'installer dans les fermes voisines de l'église, qui s'empresseront de mettre à leur disposition leurs vastes dépendances aménagées dans ce but à la prière de la Commission.

D'ailleurs, le temps libre entre les deux offices du matin et du soir sera très suffisant pour que les pèlerins qui le désireront puissent aller dîner à Montrevel.

3° PLACES RÉSERVÉES A LA CHAPELLE EXTÉRIEURE

Les ecclésiastiques seront placés, autant que possible, dans le sanctuaire, derrière l'autel ou à côté.

Les personnes qui désireront être placées dans la nef de la chapelle, voudront bien en faire la demande un peu avant le commencement de l'office. Il sera perçu une modique rétribution de 0,25 cent.

4° OBJETS DE PIÉTÉ : STATUES, MÉDAILLES ET IMAGES DU BIENHEUREUX.

On trouvera au presbytère de Cuet et dans une maison voisine, un choix varié de statues, médailles et images du Bienheureux, qui seront vendues au profit de l'*Œuvre de Cuet,* pour la construction de l'église.

Nous recommandons particulièrement les différentes réductions de la belle statue due au talent de notre compatriote M. Cabuchet, et la médaille gravée et frappée par les soins de M Fornet. Cette médaille, qui reproduit si heureusement d'un côté le buste du Bienheureux, et de l'autre la belle et pieuse image de N.-D. de Sainte-Marie Majeure, — *la Vierge de saint Luc* — est admirablement réussie ; tous les pèlerins voudront l'emporter et la donner comme un souvenir des fêtes de la béatification.

On trouvera également des cierges de toute grandeur et à tout prix qu'on pourra faire brûler devant les reliques et la statue du Bienheureux.

5° QUÊTES ET SOUSCRIPTION EN FAVEUR DU SANCTUAIRE DE CUET

A tous les offices, pendant les trois jours du *Triduum*, une quête sera faite dont le produit sera exclusivement affecté à la construction de l'église dédiée au bienheureux P.-L.-M. Chanel.

Les pèlerins pourront également profiter de la circonstance pour offrir leur souscription à ce monument. Nous rappelons les conditions de cette souscription, pour laquelle on trouvera des Bulletins au presbytère de Cuet.

Les souscriptions peuvent être individuelles ou collectives et faites au nom d'une famille ou d'une communauté.

Les bulletins de souscription seront remplis et signés par la personne qui se charge de fournir ou de recueillir la somme promise, puis adressés au secrétariat de l'Evêché ou au secrétariat de la Commission, au Grand-Séminaire.

Les sommes promises peuvent être versées immédiatement ou seulement par annuités dans un espace maximum de 5 ans. — Les bulletins de souscription indiqueront l'intention de chaque souscripteur.

Les fonds peuvent être envoyés directement au trésorier de la Commission, M. le chanoine ABERTON, économe du Grand-Séminaire, ou remis à MM. les Curés qui voudront bien se charger de les faire parvenir.

Les noms des souscripteurs seront conservés dans un registre d'honneur destiné aux Archives du sanctuaire, et divisés en trois catégories :

LES FONDATEURS qui auront versé au moins 500 francs.

LES BIENFAITEURS qui auront versé au moins 100 francs.

LES SOUSCRIPTEURS qui auront versé au moins 20 francs.

Un diplôme spécial et nominatif pouvant être conservé dans la famille, sera délivré à chaque souscripteur après le versement de sa cotisation, en témoignage de reconnaissance pour son zèle et sa générosité.

Les noms des Fondateurs seront, de plus, gravés sur une table de marbre dans le futur sanctuaire.

Enfin tous les Souscripteurs auront part pendant leur vie et après leur mort aux prières et aux bonnes œuvres qui se feront plus tard dans cette église du Bienheureux, et spécialement à une messe qui y sera célébrée à leur intention chaque mois à perpétuité.

Mais surtout ils se seront acquis un titre spécial à la protection du glorieux Martyr, dont le cœur bénira du haut du ciel ceux qui contribueront à élever un temple à Dieu dans son pays natal qui lui resta toujours si cher.

6° UNE VISITE AU HAMEAU DE LA POTIÈRE

Tous les pèlerins de Cuet désireront aller jusqu'à *la Potière* pour visiter la maison paternelle du Bienheureux Chanel. Nous les engageons beaucoup à faire ce pieux pèlerinage, qui pourra devenir en même temps une charmante promenade, si le temps est beau : car cette campagne accidentée et vallonnée, divisée comme un damier en terres cultivées, prairies et bouquets d'arbres, au milieu desquels apparaissent çà et là quelques maisons d'habitation, offre un aspect gracieux, recueilli qui fait du bien.

La distance à parcourir depuis Cuet est de 2 kilomètres environ.

Le hameau de *la Potière* tire son nom de la famille Potier qui en était propriétaire aux XIIIe et XIVe siècles; il se compose aujourd'hui de plusieurs fermes dont l'une est possédée par la famille Chanel depuis la fin du XVIIIe siècle.

La maison où est né le Bienheureux a malheureusement été reconstruite en grande partie ; mais les nouveaux murs sont bâtis sur les anciennes fondations, et on n'a rien changé à la disposition des appartements. On peut donc voir l'endroit précis où le Bienheureux vint au monde le 14 juillet 1803. Une plaque de marbre avec une inscription l'indiquera désormais aux pieux visiteurs.

Un peu avant d'arriver à cette maison, on traverse un petit vallon sillonné par un ruisseau qu'on franchit sur une passerelle. Ce sont là les prairies où le jeune berger conduisait son troupeau, et où il eut le bonheur de rencontrer, plusieurs fois, le vénérable M. Trompier. On aura plaisir à suivre ce même sentier, ce *Chemin des pierres*, que suivait le curé de Cras pour aller à St-Didier, et sur le bord duquel devaient avoir lieu ces conversations dont Dieu se servit pour éveiller ou affermir dans le cœur d'un enfant les idées de vocation, et préparer de loin le pieux lévite, le saint prêtre, le fervent religieux et l'apôtre-martyr de l'Océanie.

Puissions-nous, en visitant ces lieux tout embaumés des souvenirs d'un saint, nous pénétrer nous-mêmes de l'esprit qui fait les saints !

Bourg. — Imp. VILLEFRANCHE.

Se vend au profit de l'Œuvre

CHEZ MM. GONIN & MONTBARBON,
LIBRAIRES A BOURG

Prix : 20 centimes